Der Aum-Effekt

Klaus Lerch

Der Aum-Effekt

Moralische Panik in Japan

Die deutsche Nationalbibliothek verzeichnet diese Publikation in der Deutschen Nationalbibliographie. Detaillierte bibliographische Daten sind im Internet über http://d-nb.de abrufbar.

ISBN 978-3-945058-25-1

Herstellung: Books on Demand GmbH, Norderstedt

Inhalt

1 Einleitung

Im 20. Jahrhundert sah sich die japanische Bevölkerung mehrfach terroristischen Bedrohungen ausgesetzt. Vor und nach dem Zweiten Weltkrieg waren es zunächst rechte Gruppen, die durch terroristische Anschläge auf sich aufmerksam machten. In der Zeit des Kalten Krieges traten dann linke Gruppierungen in den Vordergrund. Diese waren zunächst aus der nordkoreanischen Minderheit, später aus radikalen Studentengruppen hervorgegangen.[1] Seit den 1970er Jahren waren es insbesondere die der deutschen Rote-Armee-Fraktion (RAF) nahestehende Japanische Rote Armee (JRA, *Nihon Sekigun*) und deren ideologisch verwandte Splittergruppen, die die Wahrnehmung terroristischer Aktivitäten durch die Bevölkerung und die Abwehrmaßnahmen der japanischen Sicherheitsbehörden bestimmten. Religiöse Gruppen waren bis Mitte der 1990er Jahre nicht durch gewalttätige Aktionen auffällig geworden.[2] So kamen die Terroranschläge der *Aum Shinrikyō*[3] im März 1995 für alle Seiten überraschend.

Die *Aum Shinrikyō* war eine neureligiöse Organisation mit japanischen Wurzeln, die sich später auch in andere Länder, insbesondere nach Russland, ausbreitete.

---

[1] Vgl. HUGHES (2001), S. 55.

[2] Vgl. KATZENSTEIN/TSUJINAKA (1991), S. 14–25; LEHENY (2009), S. 117–120.

[3] Eigentlich Ōmu Shinrikyō. In dieser Abhandlung wird durchgängig die in der westlichen Forschungsliteratur übliche Bezeichnung Aum Shinrikyō verwendet.

Sie ging aus einer im Jahre 1984 von Asahara Shōkō[4] gegründeten Yoga-Gruppe hervor. 1989 erfolgte die gesetzliche Anerkennung als Religionsgemeinschaft.[5] Zu diesem Zeitpunkt hatte der charismatische Führer der Gruppe auch politische Ambitionen, die er jedoch nach seinem Scheitern bei den Unterhauswahlen im Jahre 1990 zurückstellte. Anschließend war eine zunehmende Radikalisierung der Organisation zu beobachten, was mit der Verbreitung einer apokalyptischen Ideologie einherging.[6] Zur Abwehr der vorhergesagten Bedrohungen initiierte Asahara Shōkō die Produktion chemischer Kampfstoffe und bereitete terroristische Anschläge vor. Seine Gefolgsleute rekrutierte er aus der wohlhabenden Mittelschicht, wobei die Anzahl der Jungakademiker, meist mit naturwissenschaftlicher Ausbildung, überdurchschnittlich hoch war.[7] In Japan hatte die Gruppe Mitte der 1990er Jahre 1100 Mitglieder und etwa 9000 Anhänger.[8]

Am Morgen des 20. März 1995 wurden zur Hauptverkehrszeit durch Mitglieder der *Aum Shinrikyō* Anschläge in fünf Linien des U-Bahn-Systems in Tokyo mit dem Giftgas Sarin durchgeführt. Durch die An-

---

[4] Japanische Namen werden in dieser Abhandlung in der in Japan üblichen Reihenfolge wiedergegeben.

[5] Vgl. Metraux (2000), S. 17, 113–121.

[6] Vgl. Shimazono (2001), S. 34–35; Hardacre (2003), S. 146.

[7] Vgl. Repp (1997), S. 20–25, 34–38.

[8] Vgl. Metraux (1999), S. 12.

schläge starben 11 Menschen, über 5000 wurden verletzt.[9]

Direkt nach dem Anschlag konzentrierten sich Wissenschaftler verschiedener Disziplinen auf die Untersuchung der Entstehungsgeschichte der Anschläge und damit auf die Fragen, wie sich in einem religiösen Umfeld eine terroristische Organisation herausbilden konnte und warum die Sicherheitsbehörden so wenig auf die Anschläge vorbereitet waren.[10]

Diese Fragestellungen sind nicht Gegenstand meiner Untersuchungen. Mehr als zwanzig Jahre nach den Anschlägen gilt mein Interesse vielmehr den Folgen der terroristischen Aktivitäten. Die durchgeführte Analyse wird sich von der Frage leiten lassen, wie die Medien, die Bevölkerung und die Behörden auf die Anschläge reagierten und wie die Reaktionen der verschiedenen Gruppen sich gegenseitig beeinflussten.

Zunächst wird das Augenmerk darauf gerichtet, wie die Medien über die Anschläge berichteten und welche Reaktionen dies in der japanischen Bevölkerung hervorrief. Von Interesse sind hierbei die Auswirkungen auf das Sicherheitsempfinden der Bevölkerung und deren veränderte Beurteilung religiöser Gruppen, aber auch die Reaktion anderer Religionsgemeinschaften und die Bildung von „Anti-Kult"-Organisationen. Auf die Reaktionen von Polizei und Sicherheitsbehörden

---

[9] Vgl. Lifton (1999), S. 3.

[10] Siehe z. B. Shimazono (1995); Repp (1997); Metraux (1999); Metraux (2000); Lifton (1999); Reader (2000).

sowie die Auswirkungen auf Politik und Gesetzgebung wird ebenfalls eingegangen.

Anschließend erfolgt die Deutung des Zusammenhangs zwischen den Reaktionen der japanischen Bevölkerung und der veränderten Sicherheitspolitik auf Basis soziologischer und kriminologischer Theorien. Hierzu wird zunächst untersucht, inwieweit das Sicherheitsempfinden in der japanischen Gesellschaft besonders empfindlich auf Störungen reagiert und wie sich Störungen in Form von Schockereignissen auf Kriminalisierung und Strafverfolgung auswirken. Abschließend wird geprüft, ob das Konzept der „moralischen Panik" auf die Aum-Anschläge und deren Auswirkungen angewendet werden kann.

2 Die Aum-Anschläge – Wahrnehmung, Reaktionen und Auswirkungen

2.1 Darstellung in den Medien

Vom 20. März, dem Tag des Anschlags, bis Mitte Juni 1995 bestimmte die Aum-Thematik die Berichterstattung der privaten Fernsehkanäle und des staatlichen Senders NHK. Zu einem Höhepunkt der Berichterstattung, mit insgesamt mehr als 100 Sendestunden, kam es am 16. Mai 1995, als Asahara Shōkō verhaftet wurde. Bei den fünf größten Fernsehsendern arbeiteten an diesem Tag mehr als 2500 Mitarbeiter ausschließlich an Berichten zur Asahara-Verhaftung. Mehr als 75 % der japanischen Haushalte verfolgten den Fortgang der Ereignisse am Bildschirm. Auch die Printmedien griffen die Aum-Thematik begierig auf. So druckte die Zeitschrift *Asahi News* vom 20. März bis zum 8. Juni 1995 an jedem Tag auf der Titelseite einen Bericht über die Hintergründe der Anschläge. Somit wurde alleine durch die Intensität der Berichterstattung in den Wochen nach den Anschlägen die Aufmerksamkeit der Öffentlichkeit unweigerlich auf die Aum-Thematik gelenkt.[11]

Aber auch die Art der Berichterstattung und die Auswahl der Inhalte sorgte dafür, dass die Bevölkerung emotional an das Thema gebunden wurde. Ungewöhnlich häufige Life-Berichterstattungen von Polizeieinsätzen und Vor-Ort-Kommentierungen von Mode-

---

[11] Vgl. READER (2000), S. 225; HARDACRE (2007), S. 175, 177.

ratoren gaben den Zuschauern das Gefühl, sich mitten im Geschehen zu befinden.[12] Meist wurden die Berichte mit dramatischer Musik hinterlegt und durch visuelle Effekte verfremdet, um die Bedrohlichkeit des Dargestellten noch zu verstärken.[13] Typische, häufig wiederholt dargestellte Motive waren das Leiden der Opfer, Verhaftungen von Verdächtigen und Einsätze großer Polizeikontingente bei der Durchsuchung von Aum-Einrichtungen.[14] Die Aum-Organisation wurde zwar als weltentrückt aber auch als naturwissenschaftlich kompetent und damit als besonders bedrohlich dargestellt. Hierzu kombinierte man Bilder des langhaarigen Anführers bei Levitationsübungen, umgeben von seinen in Trance folgenden Jüngern, mit Darstellungen futuristischer Technologie.[15] Immer wieder wurde die Botschaft vermittelt, dass es sich bei der Aum-Bewegung um einen gefährlichen Kult handele, dessen Anhänger unter Gedankenkontrolle des Anführers standen.[16] Somit brannte sich in der Wahrnehmung der Bevölkerung das vereinfachte Bild vom Kampf der mit hohem Aufwand vorgehenden Staatsgewalt gegen den bösen religiösen Demagogen mit seinen jungen, fanatischen Anhängern ein.[17]

---

[12] Vgl. HARDACRE (2007), S. 192; KINGSTON (2004), S. 17.
[13] Vgl. GARDNER (2001), S. 141.
[14] Vgl. HARDACRE (2007), S. 175.
[15] Vgl. ebd., S. 175–176; READER (2000), S. 2; GARDNER (2001), S. 137.
[16] Vgl. ebd., S. 137.
[17] Vgl. HARDACRE (2007), S. 176.

Als sich im Juli 1995 die Wogen der Ereignisse langsam glätteten, begann die kritische Reflexion der Medienberichterstattung durch die Wissenschaft und durch Teile der Medien selbst. Hauptkritikpunkt war die sensationsheischende, manipulative und stereotyp vereinfachende Art der Darstellung, getrieben von Einschaltquoten und Auflagenzahlen.[18] Die betroffenen Medienvertreter nahmen die Kritik zum Teil an, verwiesen jedoch darauf, dass sie zu vereinfachenden Darstellungen gezwungen wurden, da sie von den Sicherheitsbehörden kaum verwertbare Informationen erhalten hatten. Helen Hardacre geht in ihrer Kritik an den Medien noch weiter. Sie weist nach, dass bestimmten Fernsehanstalten bereits vor den Anschlägen Hinweise auf eine Radikalisierung der Aum-Organisation vorlagen und dass die Anschläge möglicherweise hätten verhindert werden können, wenn die Medien diesen Hinweisen in investigativer Weise nachgegangen wären.[19] Als weiterer Kritikpunkt wird geäußert, dass die Medien der Aum-Organisation nach den Anschlägen eine Bühne gaben, da Aum-Mitglieder immer wieder zu Fernsehsendungen eingeladen wurden, wo sie ihre Thesen verbreiten konnten.[20] Helen Hardacre schließt in ihre Kritik auch die Wissenschaft selbst mit ein, indem sie auf die Abhängigkeit der Forscher von den Medienberichten hinweist. Da sich die Wissenschaft vor 1995 kaum mit der Aum-Organisation beschäftigt hatte,

---

[18] Vgl. Lifton (1999), S. 234; Hardacre (2007), S. 177; Gardner (2001), S. 140; Reader (2000), S. 225.

[19] Vgl. Hardacre (2007), S. 197–198.

[20] Vgl. Gardner (2001), S. 139; Baffelli (2016), S. 23.

waren die Forscher in ihrer Beurteilung zunächst auf Medienquellen angewiesen, deren Glaubwürdigkeit zweifelhaft war.[21]

Das Ereignis der Aum-Anschläge wurde auch nach dem Abebben der ersten Berichtswelle Mitte 1995 bis heute immer wieder von den Medien aufgegriffen. Anlass waren spektakuläre Ereignisse, wie die bis 2006 andauernde Gerichtsverhandlung gegen Asahara Shōkō, die die Vorfälle von 1995 in Erinnerung riefen.[22] Außerdem beschäftigten sich Autoren und Filmemacher nun mit der seriösen Aufarbeitung der Geschehnisse. Als Beispiele seien der Dokumentarfilm *A* von Mori Tatsuya und das Sachbuch *Andāguraundo* von Murakami Haruki, beide aus dem Jahre 1997, genannt, in denen gänzlich auf sensationsheischende Elemente verzichtet und eine sachliche Berichterstattung angestrebt wurde.[23] Das Interesse der Bevölkerung an dieser Art der medialen Aufarbeitung war jedoch gering, was die Zuschauerzahlen für Mori Tatsuyas Film belegen.[24]

2.2 Wahrnehmung und Reaktionen der japanischen Bevölkerung

Die Wahrnehmung der Aum-Anschläge in der Bevölkerung war in den ersten Wochen vor allem durch die

---

[21] Vgl. HARDACRE (2007), S. 173.
[22] Vgl. BAFFELLI/READER (2012), S. 1.
[23] Vgl. ebd., S. 2; GARDNER (2001), S. 141.
[24] Vgl. ebd., S. 149.

Medienberichterstattung geprägt, da die Polizei nur sehr zurückhaltend kommunizierte und auch die Wissenschaft anfangs nur wenig zum Thema beizutragen hatte.[25] Wie im Folgenden gezeigt wird, löste die sensationsheischende Berichterstattung im Fernsehen und in den Printmedien im Wesentlichen zwei Reaktionen bei der Bevölkerung aus: den Verlust des Sicherheitsgefühls und des Glaubens an die Stabilität des japanischen Gesellschaftssystems sowie eine Veränderung in der Beurteilung religiöser Gruppen.

Zum Zeitpunkt der Aum-Anschläge wähnte sich die Mehrheit der Bevölkerung gut aufgehoben in einer der sichersten und wohlorganisiertesten Gesellschaften der Welt. Die aggressive Medienberichterstattung zu den Anschlägen zerstörte dieses Bild und erzeugte die Gewissheit, dass die Vorstellung von Sicherheit und Gewaltlosigkeit nur eine Illusion war.[26] Besonders verstörend für die Bevölkerung wirkte sich aus, dass die Aum-Organisation in den Berichten nicht als bizarre Randgruppe dargestellt wurde, sondern als Produkt aus der Mitte der japanischen Gesellschaft. Ihre Mitglieder waren demnach keine ungebildeten Sonderlinge, sondern meist junge, ambitionierte Absolventen der angesehensten Hochschulen, die man normalerweise als Stützen der Gesellschaft betrachten würde.[27] Diese Erkenntnis führte dazu, dass die Bevölkerung

---

[25] Vgl. HARDACRE (2007), S. 197.

[26] Vgl. KISALA/MULLINS (2001b), S. 3; RAEVSKIY (2014), S. 34.

[27] Vgl. ebd., S. 35; HARDACRE (2007), S. 174; BAFFELLI/READER (2012), S. 5.

grundlegende Aspekte des japanischen Gesellschaftssystems in Frage stellte. Fragwürdige Entwicklungen, wie die Steigerung des Leistungsdrucks im Erziehungssystem, der Verfall der Arbeitsethik im Beruf sowie der zunehmende Materialismus in einer ausgeprägten Konsumgesellschaft, schienen zu einem ethischen und spirituellen Vakuum geführt zu haben, das junge Menschen in die Hände eines religiösen Demagogen trieb.[28]

Einen Ausweg aus diesem gedanklichen Dilemma bot die Vorstellung, dass die jungen Mitglieder der *Aum Shinrikyō* nicht aus eigenem Antrieb handelten, sondern durch Gedankenmanipulation und Gehirnwäsche zum willenlosen Werkzeug des Anführers einer Kult-Organisation wurden. Dadurch nahm man die Verantwortung für das Böse weg von der Mitte der Gesellschaft und verschob sie zu einem Einzelnen, den man als eine für die japanische Gesellschaft untypische, kriminelle Randfigur kennzeichnen und ausgrenzen konnte.[29] Die einfachen Mitglieder der Aum-Organisation erschienen dadurch therapierbar und wiedereingliederbar in eine doch nicht so instabile Gesellschaft.[30] Es entstand eine Anti-Kult-Bewegung nach amerikanischem Vorbild, die durch Besuche prominenter amerikanischer Aktivisten und Veröffentlichung derer Schriften in japanischer Übersetzung

---

[28] Vgl. GARDNER (2001), S. 137–138; READER (2000), S. 227.
[29] Vgl. ebd., S. 226; LIFTON (1999), S. 234.
[30] Vgl. WATANABE (2001), S. 94.

rasant an Anhängern gewann.[31] Anti-Kult-Aktivisten bekamen in den Wochen nach den Anschlägen in den täglichen Fernsehsendungen eine Bühne, um ihre Thesen zu verbreiten.[32] Es wurden Vergleiche gezogen zwischen den Aum-Anschlägen und gewaltsamen Handlungen anderer Kult-Organisationen, wie zum Beispiel die Auseinandersetzung des Davidianischen Zweigs mit den amerikanischen Bundesbehörden im Jahre 1993 in Waco, USA, oder dem Massenselbstmord der Volkstempler im Jahre 1978 in Jonestown, Guyana. Als größte Anti-Kult-Organisation in Japan bildete sich nach den Aum-Anschlägen die Japan Society for Cult Prevention and Recovery (N*ihon Datsukaruto Kyōkai*).[33]

In der japanischen Öffentlichkeit blieb nach der Medienberichterstattung über die Aum-Anschläge und den darauffolgenden Anti-Kult-Diskussionen eine veränderte Beurteilung religiöser Organisationen zurück. Bereits vor den Ereignissen im März 1995 waren einzelne religiöse Gruppen wegen der von ihnen verbreiteten politischen Ideologien durch die Medien attackiert worden.[34] Beschränkte sich die Kritik zunächst noch auf neu-religiöse Organisationen, wie die *Sōka Gakkei*, beurteilte die Öffentlichkeit nach den Anschlägen Religion generell nicht mehr als schützenswert gegenüber staatlichen Eingriffen, sondern als potenzielle

---

[31] Vgl. ebd., S. 93–95; KISALA/MULLINS (2001b), S. 7.
[32] Vgl. GARDNER (2001), S. 138.
[33] Vgl. BAFFELLI/READER (2012), S. 13–14.
[34] Vgl. ebd., S. 8; MCLAUGHLIN (2012), S. 53, 70.

Gefahr für die japanische Gesellschaft.[35] 80 % der Bevölkerung befürworteten in den Wochen nach den Anschlägen neue und verschärfte Gesetze zur Kontrolle der Aktivitäten religiöser Organisationen.[36] Diese Beurteilung wird durch Meinungsumfragen aus den Jahren 1998 und 1999 bestätigt, bei denen 65 % der Befragten Religion als „gefährlich" bezeichneten, 66 % schärfere Gesetze forderten und 86 % angaben, das Vertrauen in religiöse Organisationen verloren zu haben.[37] Der Druck der öffentlichen Meinung führte dazu, dass Internet-Provider zeitweise die Webseiten religiöser Organisationen, unter Einschluss der großen Religionen wie Buddhismus und Shintōismus, in ihren Filter für jugendgefährdende Webseiten aufnahmen.[38]

Forscher halten die Auswirkungen der Aum-Affäre auf die Beurteilung von Religion durch die Bevölkerung für nachhaltig. So sieht Watanabe Manabu den Ruf nach strengeren Gesetzen als ersten Schritt zu einer dauerhaften Einschränkung des Rechts zur Freiheit der Religionsausübung.[39] Levi McLaughlin betrachtet den Begriff „Neue Religion" in Japan als langfristig stigmatisiert.[40]

---

[35] Vgl. BAFFELLI/READER (2012), S. 8; HARDACRE (2003), S. 152–153; WATANABE (2001), S. 87–88.

[36] Vgl. KISALA (1996), S. 64.

[37] Vgl. KISALA (2001), S. 107; BAFFELLI/READER (2012), S. 8.

[38] Vgl. ebd., S. 9.

[39] Vgl. WATANABE (2001), S. 98.

[40] Vgl. MCLAUGHLIN (2012), S. 72.

Die Reaktionen anderer religiöser Gruppen auf die Aum-Anschläge waren nur begrenzt geeignet, verlorengegangenes Vertrauen der Bevölkerung wiederherzustellen. Kurzfristig reagierte man übervorsichtig zurückhaltend oder mit Erklärungen, in denen man sich von der Aum-Organisation distanzierte und diese als unorthodox und pseudoreligiös beschrieb, ohne sich jedoch überzeugend davon abzugrenzen.[41] In einer Umfrage kurz nach den Anschlägen äußerten die meisten religiösen Gruppen die Ansicht, dass die Aum-Affäre keinen negativen Einfluss auf ihre eigene Organisation oder auf Religion insgesamt haben würde. Andererseits verbreitete man schriftliche Statements, in denen die Sorge geäußert wurde, dass das Image von Religion dauerhaft beschädigt werden könnte. Zurück blieb in der Bevölkerung der Eindruck von Konfusion.[42] Mittelfristig konnten die großen Religionen, wie z. B. die buddhistischen *Nichiren-* und *Sōtō-*Schulen, ihr angeschlagenes Image verbessern, indem sie Bücher und Zeitschriftenartikel veröffentlichten, in denen die Vorgänge sachlich aufgearbeitet und Hilfsmaßnahmen für ehemalige Aum-Anhänger angeboten wurden.[43] Auch ging man in die Offensive und beschuldigte die Vertreter der Religionswissenschaften, die Aum-Organisation im Vorfeld der Anschläge nicht ausreichend untersucht und deshalb deren Gewalt-

---

[41] Vgl. Kisala/Mullins (2001b), S. 8.

[42] Vgl. Kisala (2001), S. 108–110; Baffelli/Reader (2012), S. 19.

[43] Vgl. Watanabe (2001), S. 97.

potenzial nicht erkannt zu haben.[44] Als im Parlament die Reform des Religious Corporations Law (RCL, *Shūkyō Hōjinhō*) diskutiert wurde, intensivierten einige religiöse Gruppen ihre Lobbyarbeit, um bei der regierenden Liberaldemokratischen Partei (LDP, *Jiyūmin shutō*) ihren Einfluss geltend zu machen.[45] Doch auch hier gaben sie kein einheitliches und überzeugendes Bild ab. Während die Repräsentanten der Shintō-Schreine und buddhistische Vertreter eine Gesetzesverschärfung befürworteten, lehnten die katholische und protestantische Kirche sowie neu-religiöse Organisationen, wie die *Sōka Gakkei*, jegliche Änderungen ab.[46] Die langfristige Reaktion, insbesondere kleiner religiöser Gruppierungen, auf die Aum-Affäre war der Rückzug aus der Öffentlichkeit, ausgedrückt in einer deutlichen Reduzierung von Werbemaßnahmen und Einschränkungen beim Internetauftritt.[47]

Auch die *Aum Shinrikyō* selbst erfuhr nach den Anschlägen grundlegende Veränderungen. Nachdem sie in den Fokus der Sicherheitsbehörden geraten war, verlor die Organisation fast 90 % ihrer Anhänger. Sie wurde jedoch nicht verboten und blieb zunächst unter ihrem ursprünglichen Namen als religiöse Gruppierung erhalten, die sich auf spirituelle Themen konzentrieren und die Ereignisse aus dem März 1995 hinter sich lassen wollte.[48] Erst im Jahre 2000 erfolgte die

---

[44] Vgl. KISALA (2001), S. 117-118.
[45] Vgl. KLEIN (2012), S. 82–83.
[46] Vgl. KISALA (1996), S. 63–74.
[47] Vgl. BAFFELLI/READER (2012), S. 19–20.
[48] Vgl. MAEKAWA (2001), S. 180–191.

Distanzierung von dem stigmatisch belasteten Begriff „Aum" und die Umbenennung in *Aleph,* was auch mit einer Umstrukturierung der Führungsriege verbunden war.[49] Im Jahre 2007 bildete sich die Splittergruppe *Hikari no Wa.*[50]

2.3 Reaktionen von Polizei und Sicherheitsbehörden

Kurz nachdem bekannt wurde, dass Mitglieder der *Aum Shinrikyō* die Anschläge ausgeführt hatten, mussten sich Polizei und Sicherheitsbehörden rechtfertigen, warum sie die durch diese Organisation ausgehende Gefahr nicht im Vorfeld erkannt hatten. Die Behörden erklärten daraufhin, dass man eine Bedrohung sehr wohl realisiert hätte, dass man jedoch von einem harten Vorgehen gegen Aum absah, da dies als Verfolgung einer religiösen Organisation hätte ausgelegt werden können.[51] Christopher Hughes arbeitet dagegen in seiner Analyse als Hauptgrund für die Inaktivität der Sicherheitsbehörden heraus, dass diese sich seit den 1970er Jahren ganz auf die Abwehr des linken Terrorismus konzentriert und Gefahren durch religiöse Organisationen völlig übersehen hatten[52].

Die unmittelbare Reaktion der Polizei auf die Anschläge fiel deutlich aus und kann als Versuch der

---

[49] Vgl. KISALA/MULLINS (2001b), S. 7.
[50] Vgl. BAFFELLI (2016), S. 120–121.
[51] Vgl. HARDACRE (2003), S. 145.
[52] Vgl. HUGHES (2001), S. 53–61.

Kompensation der Versäumnisse der Vergangenheit interpretiert werden. Mit einem großen Polizeiaufgebot wurden die Aum-Einrichtungen im gesamten Land durchsucht. Mehr als 200 Personen wurden festgenommen und wegen verschiedener Vergehen angeklagt.[53] Watanabe Manabu vermutet, dass bei dieser Aktion die Rechte einiger der Verhafteten missachtet wurden.[54]

Nachdem die erste Phase der Rechtfertigung überwunden war, gingen die Behörden in die Offensive und nutzten die Aum-Affäre, um ihre Existenzberechtigung zu festigen und ihren Einfluss- und Aufgabenbereich auszudehnen. Nützlich hierfür war die Medienberichterstattung, die das Bild einer von innen heraus bedrohten Gesellschaft zeichnete, woraus die Notwendigkeit einer stärkeren Überwachung durch Sicherheitsbehörden und einer strengeren Kontrolle durch die Polizei folgte.[55]

Insbesondere die Public Security Investigation Agency (PSIA, *Kōan Chōsachō*), eine Sonderabteilung des Justizministeriums, benötigte nach dem Ende des Kalten Krieges neue Argumente für ihre Existenzberechtigung. Sie war 1952 zur Überwachung des Anti Subversive Activities Law (ASAL, *Habōkatsudō Bōshihō*), das sich ursprünglich gegen kommunistische Aktivitäten richtete, gegründet worden.[56] Die Bestrebungen der

---

[53] Vgl. MULLINS (2001), S. 71.
[54] Vgl. WATANABE (2001), S. 93.
[55] Vgl. HARDACRE (2007), S. 195, 199.
[56] Vgl. HUGHES (2001), S. 59, 64–65.

PSIA, das Gesetz auch auf die *Aum Shinrikyō* anzuwenden, wurde zunächst von der Public Security Commission (PSC, *Kokka Kōan Iinkai*), einer der PSIA übergeordneten und ebenfalls dem Justizministerium unterstellten Behörde, geduldet. Im Jahre 1997 entschied die PSC jedoch, dass das ASAL nicht länger auf die *Aum Shinrikyō* angewendet werden dürfe, da man weitere Gewalttaten der Gruppierung für unwahrscheinlich hielt.[57] Christopher Hughes äußert zudem die Vermutung, dass die PSC Bestrebungen der PSIA zur Kompetenzerweiterung unterbinden wollte. Letztere hatte offensichtlich versucht, weitere gesellschaftliche Gruppen als radikal-subversiv zu kennzeichnen und damit in den Anwendungsbereich des ASAL zu bringen.[58]

Eine weitere für die Sicherheit zuständige Organisation, die ihren Kompetenzbereich in der Folge der Aum-Affäre ausweiten wollte, waren die Self Defence Forces (SFD, *Jieitai*), das japanische Militär. Diese hatten nach Ende des Kalten Krieges ebenfalls an Bedeutung verloren und deshalb versucht, durch Beiträge bei der Bewältigung von Naturkatastrophen ihr Ansehen in der Bevölkerung zu steigern. In der Folge der Aum-Anschläge versuchten die SFD, ihre Kompetenzen in Bezug auf chemische Waffen einzubringen, um diese neue Form des Terrorismus abzuwehren. Trotz einiger Bedenken, dass das Militär damit in den Zuständigkeitsbereich der Polizei eingriffe, erteilte die Regierung in der im November 1995 verabschiedeten Revision der

---

[57] Vgl. MULLINS (2001), S. 76–77.
[58] Vgl. HUGHES (2001), S. 65.

National Defense Policy (*New Taikō*) ihre Zustimmung zur Kompetenzerweiterung des Militärs.[59]

Ian Reader weist darauf hin, dass sich die Auswirkungen der Aum-Anschläge auf die Aktivitäten von Sicherheitsbehörden aufgrund der globalen medialen Verbreitung nicht auf Japan beschränkten. Da bei den Anschlägen zum ersten Mal von terroristischen Organisationen in größerem Maßstab chemische Waffen eingesetzt wurden, löste dies, insbesondere in den USA, ein Umdenken und in der Folge eine Neudefinition der Sicherheitsstrategien zur Abwehr von Terrorismus aus.[60]

2.4 Auswirkungen auf Politik und Gesetzgebung

Die Regierung erfuhr nach den Aum-Anschlägen zunächst eine kritische Beurteilung durch die Bevölkerung. Nach der verfehlten Finanzpolitik zur Zeit des Zusammenbruchs der Bubble-Economy und der ineffektiven Vorgehensweise nach dem Erdbeben in Kobe nur wenige Monate zuvor, schienen die Anschläge ein weiteres Beispiel für die Unfähigkeit der Regierung zu sein, Katastrophen zu verhindern und mit deren Folgen umzugehen.[61]

Rasch begannen jedoch einige politische Parteien, die aufgeheizte öffentliche Stimmung zu ihrem Vorteil zu

---

[59] Vgl. LEHENY (2009), S. 153–154; HUGHES (2001), S. 66–67.
[60] Vgl. READER (2012), S. 180; READER (2000), S. 1.
[61] Vgl. LEHENY (2009), S. 121.

nutzen. Neo-nationalistische Gruppierungen beanstandeten den negativen Einfluss des westlichen Individualismus auf die japanische Gesellschaft und strebten die Wiedereinführung des Staats-Shintō und damit die Marginalisierung anderer religiöser Gruppen an.[62] Während die Ansichten dieser politischen Randgruppen sich nicht durchsetzten, konnte die regierende LDP die Situation nach den Anschlägen nutzen, um ihren wichtigsten Gegner, die New Frontier Party (NFP, *Shinshintō*), entscheidend zu schwächen. Die NFP hatte nicht nur starke Unterstützung in Form von Stimmen und Finanzmitteln von der neu-religiösen *Sōka Gakkei* erhalten, sie war auch organisatorisch eng mit ihr verflochten. Analysen verschiedener Wissenschaftler kommen zu dem Ergebnis, dass einige der im Folgenden beschriebenen, von der LDP getriebenen Bestrebungen zur Verschärfung der Gesetzeslage sich nicht nur gegen die *Aum Shinrikyō,* sondern auch gegen die *Sōka Gakkei* und damit gegen die NFP richteten.[63]

Seit 1951 ist in Japan das RCL in Kraft, das religiösen Organisationen erlaubt, Grund und Boden zu besitzen und kommerzielle Unternehmungen zu betreiben. Im Oktober 1995 wurden der *Aum Shinrikyō* die unter diesem Gesetz gewährten Privilegien entzogen, was zur sofortigen Insolvenz der Organisation führte.[64] Im gleichen Monat brachte die LDP einen Entwurf zur Verschärfung des Gesetzes ein, der im Dezember 1995

[62] Vgl. MATSUDO (2001), S. 164–166.
[63] Vgl. KLEIN (2012), S. 83; HARDACRE (2003), S. 147.
[64] Vgl. ebd., S. 146–147.

genehmigt wurde. Das überarbeitete Gesetz fordert die zentrale Registrierung aller religiösen Organisationen beim Erziehungsministerium sowie die Veröffentlichung detaillierter Berichte zu kommerziellen Aktivitäten. Während das Gesetz zuvor den Schutz der Religionsfreiheit gewährte, stand nun die Überwachung religiöser Aktivitäten im Vordergrund.[65]

Im Rahmen der Diskussionen um das RCL wurde die Verabschiedung eines viel weitergehenden, die politischen Aktivitäten religiöser Organisationen verbietenden Fundamental Law on Religion (*Shūkyō Kihonhō*) in Erwägung gezogen. Dieses offensichtlich gegen *Sōka Gakkei* und NFP gerichtete Vorhaben wurde jedoch nie umgesetzt.[66]

1996 wurden durch das Justizministerium trotz Widerstands aus dem Finanzministerium neue Staatsanwalts-Stellen geschaffen, um eine effektive Strafverfolgung im Zusammenhang mit den Aum-Anschlägen zu gewährleisten.[67]

Die Anwendung des ASAL auf *Aum Shinrikyō*, die ein Verbot und damit die Auflösung der Organisation ermöglicht hätte, wurde bei verschiedenen staatlichen Stellen kontrovers diskutiert, bevor man im Jahre 1997 schließlich entschied, davon abzusehen (siehe Kap. 2.3).

---

[65] Vgl. MULLINS (2001), S. 78–79; HARDACRE (2003), S. 148.
[66] Vgl. MATSUDO (2001), S. 164; KISALA (1996), S. 60.
[67] Vgl. JOHNSON (2002), S. 25.

In den Jahren 1996 bis 1999 heizte die Medienberichterstattung über fortwährende Konflikte beim öffentlichen Auftreten von Aum-Mitgliedern sowie über mysteriöse Entführungsfälle die öffentliche Stimmung gegen die Organisation weiter an. Dies bereitete den Boden für die Verabschiedung zweier weiterer Gesetze, die dem Staat eine noch weitergehende Kontrolle über die Aktivitäten von *Aum Shinrikyō* ermöglichte. Diese wurden in der Öffentlichkeit als „New Aum Laws" bezeichnet. Das Organisations Control Law (*Dantai Kisaihō*) erlaubte die Identifizierung finanzieller Ressourcen innerhalb der *Aum Shinrikyō* und die Auszahlung dieser Mittel an die Opfer der Gewalttaten nach dem neuen Victims Compensation Law (*Higaisha Kyūsaihō*). *Aum Shinrikyō* wurde in diesen Gesetzen dazu verpflicht, alle drei Monate eine Liste ihrer Mitglieder und ihres Besitzes vorzulegen.[68] Die Laufzeit der Gesetze war zunächst auf drei Jahre beschränkt, wurde jedoch in 2003, 2006, 2009 und 2012 jeweils um drei weitere Jahre verlängert und auf die Nachfolgeorganisationen *Aleph* und *Hikari no Wa* übertragen.[69]

Sugishima Masaaki weist darauf hin, dass die Aum-Anschläge nicht nur einen Einfluss auf die Gesetzgebung zur Kontrolle religiöser Organisationen hatten. Auch das Law on the Prohibition of Chemical Weapons (*Kagaku Heiki no Kinshi no Hōritsu*) und das Law on the Prevention of Human Casualties Caused by Sarin (*Sarin Bōshi-hō*), die im April bzw. Mai 1995 ver-

---

[68] Vgl. HARDACRE (2003), S. 149–150.

[69] Vgl. BAFFELLI/READER (2012), S. 9–10.

abschiedet wurden, sind als Folge der Aufarbeitung der Aum-Anschläge entstanden.[70]

[70] Vgl. SUGISHIMA (2003), S. 181–182.

3 Der Zusammenhang zwischen den Reaktionen der japanischen Bevölkerung und der veränderten Sicherheitspolitik

3.1 Zur Anfälligkeit des Sicherheitsempfindens in Japan

Die Analyse in Kapitel 2 hat gezeigt, dass das Sicherheitsempfinden der japanischen Bevölkerung durch die Aum-Anschläge massiv gestört wurde und dass die starke Reaktion der Öffentlichkeit einen entscheidenden Einfluss auf das Vorgehen der Sicherheitsbehörden sowie der gesetzgebenden Organe hatte. Die besonders ausgeprägte Labilität des Sicherheitsempfindens in Japan war in den letzten Jahren Gegenstand der soziologischen, kriminologischen und psychologischen Forschung.

Der norwegische Soziologe und Kriminologe Dag Leonardsen hat sich mit der Frage beschäftigt, inwieweit Japan noch immer als „Low Crime Nation" beurteilt werden kann.[71] Diesbezügliche Veränderungen seit Beginn der 1990er Jahre begründet er mit einem ökonomischen und gesellschaftlichen Wandel, der in der japanischen Bevölkerung zu einem Verlust an Vertrauen in die eigene Gesellschaftsordnung geführt hat. In diesem Zusammenhang liefert Leonardsen eine

[71] Siehe LEONARDSEN (2004); LEONARDSEN (2010).

ausführliche Analyse zur Frage der besonderen Anfälligkeit des japanischen Sicherheitsempfindens.[72] Er äußert die These, dass eine Gesellschaft, die durch Werte wie Beharrlichkeit und Disziplin sowie die Beachtung strikter Normen gekennzeichnet ist, hypersensibel auf Störungen der Ordnung reagiert.[73] Ausgangspunkt seiner Argumentation sind Durkheims Thesen zur kulturellen Relativität der Definition von Devianz, veranschaulicht durch das Beispiel eines vollkommenen und musterhaften Klosters, in dem geringfügige, einem Durchschnittsmenschen verzeihlich erscheinende Vergehen hohes Ärgernis erregen, was von Außenstehenden als Überreaktion gedeutet wird.[74] Leonardsen beschreibt das Durkheim'sche Kloster als Musterfall für eine Gesellschaft, die Reinheit, Einigkeit und Harmonie kultiviert und spricht der japanischen Gesellschaft, wenn auch nicht vorbehaltsfrei, eine Affinität zu eben diesen Charakteristika zu.[75] Aus den grundlegenden Werten des Shintōismus, Buddhismus und Konfuzianismus leitet er die Bedeutung von Wachsamkeit, Vorsicht, Gehorsamkeit, Harmonie, Konsensdenken sowie Loyalität und Respekt als prägende Merkmale der japanischen Kultur ab.[76] Leonardsen stellt zudem die besondere Relevanz von Disziplin in der japanischen Gesellschaft heraus, indem er die Beziehungsmuster in vertikalen Hierarchien analysiert. Diese seien einer-

[72] Vgl. ebd., S. 7, 15–29.
[73] Vgl. ebd., S. 15.
[74] Vgl. DURKHEIM (1980), S. 158; FÜSER (2000), S. 29.
[75] Vgl. LEONARDSEN (2010), S. 18.
[76] Vgl. ebd., S. 19–21.

seits von der meist kritiklosen Ausführung von Anordnungen aber auch von dem Vertrauen auf die schützende Hand des Vorgesetzten geprägt.[77] Insgesamt zeichnet er das Bild einer Gesellschaft, deren Mitglieder sich eher anpassen als emanzipieren und die sich eher auf das Handeln anderer oder des Kollektivs verlassen, als selbst Initiative zu ergreifen.[78] Aus diesen Charakteristika leitet er die Hypersensibilität der japanischen Gesellschaft gegenüber Störungen des Sicherheitsempfindens ab. Obwohl Leonardsen seine Thesen durch Zuschreibung bestimmter Charakteristika zur japanischen Gesellschaft begründet, berücksichtigt er zeitliche Wandlungen und individuelle Abweichungen. Durch den Verzicht auf vereinfachend stereotype Zuschreibungen entsteht ein komplexes Bild der japanischen Gesellschaft, das eine plausible Antwort auf die Fragestellung liefert.

Der amerikanische Asienwissenschaftler David Leheny stellt die historische Abfolge von Ereignissen in den Mittelpunkt seiner Analyse.[79] Er betont, dass es bereits in den 1960er bis 1980er Jahren immer wieder signifikante Störungen der Ordnung gab, wie die AMPO-Proteste, den Minamata-Skandal oder den Fall des Serienmörders Miyazaki Tsutomu. Die mit dem japanischen Wirtschaftswunder verbundene Euphorie in der japanischen Bevölkerung soll jedoch verhindert haben, dass diese Ereignisse überzogene Reaktionen auslös-

[77] Vgl. ebd., S. 21–26.
[78] Vgl. ebd.; S. 20.
[79] Vgl. LEHENY (2009), S. 28–29.

ten. Erst der Zusammenbruch der Bubble-Economy zu Beginn der 1990er Jahre soll den Vertrauensverlust in die eigene Gesellschaft und damit verbunden die Hypersensibilisierung verursacht haben, die dann im Jahre 1995 zur einer Überreaktion der Bevölkerung führte, als mit dem Zusammenbruch einiger Banken, dem Kobe-Erdbeben und den Aum-Anschlägen ein Schockereignis auf das andere folgte.

Auch der amerikanische Soziologe David T. Johnson führt die seit 1990 erfolgten Veränderungen in der japanischen Gesellschaft als Gründe für den Anstieg von Angst und Unsicherheit sowie für die gestiegene Sensibilität gegenüber Störungen der öffentlichen Ordnung an. Als wichtigste Faktoren nennt er die ökonomische Stagnation, zunehmende Ungleichheit, sich ausbreitende Armut, steigende Sozialausgaben, Umstrukturierungen im Arbeitsmarkt und steigende Scheidungsraten.[80] Vor diesem Hintergrund betrachtet er die Häufung kritischer Ereignisse in den 1990er Jahren als Auslöser für den Verlust des Sicherheitsempfindens und für die Wahrnehmung einer Krise der sozialen Kontrolle.[81]

Der russische Psychologe Alexander E. Raevskiy versucht, die terroristischen Motive der Aum-Mitglieder und die übersensible Reaktion der japanischen Bevölkerung in einem kulturgeschichtlichen Ansatz durch Analyse der Besonderheiten der japanischen Men-

---

[80] Vgl. JOHNSON (2007), S. 406.
[81] Vgl. ebd., S. 412.

talität zu erklären. Seiner Analyse fehlt jedoch im Gegensatz zu den vorgenannten Arbeiten die inhaltliche Tiefe. Die Erklärungsansätze kommen kaum über die bloße Nennung der aus Japaner-Diskursen bekannten stereotypen Zuschreibungen wie „kollektivistische Kultur“ und „hohes Maß an Konformität“ hinaus.[82]

3.2 Die Anschläge als Schockereignis und als Auslöser von moralischer Panik

Die Auswirkungen von Schockereignissen auf die Kriminalisierung sozialer Gruppen und auf die Härte der Strafverfolgung war bereits Gegenstand der Untersuchungen von Kriminologen und Soziologen.

Nach David T. Johnson kann in Japan seit Mitte der 1990er Jahre bei der Strafverfolgung eine zunehmende Punitivität beobachtet werden.[83] In seiner Analyse möglicher Gründe für diese Entwicklung kommt er zu dem Schluss, dass Schockereignisse eine bedeutende Rolle spielen, da sie üblicherweise Reaktionen nach folgendem Muster hervorrufen: Das kritische Ereignis wird für die Bevölkerung plötzlich sichtbar. Die Beurteilung ist nicht rational, sondern emotional, meist angeheizt durch die Mediendarstellung. Gefühle von Unsicherheit und Angst werden verstärkt bis hin zur Panik. Öffentliche Stellen reagieren mit dem Versprechen, mit größerer Härte gegen die Verursacher des

---

[82] Vgl. RAEVSKIY (2014), S. 37.
[83] Vgl. JOHNSON (2007), S. 381–401.

Ereignisses vorzugehen, was von der Bevölkerung mehrheitlich begrüßt wird. Das Versprechen wird in der Folge durch Änderung der Gesetzgebung und durch härtere Strafverfolgung umgesetzt. Johnson untermauert seine These zunächst mit Beispielen aus den Niederlanden und den USA, bevor er die Aum-Anschläge als adäquates Beispiel für ein die Strafverfolgung veränderndes Schockereignis in Japan anführt.[84] Auf die besondere Bedeutung der öffentlichen Meinung für die Verschärfung der Strafverfolgung im Falle der Aum-Anschläge hatte er bereits in einer früheren Arbeit hingewiesen.[85]

Andere Wissenschaftler kommen zu einem vergleichbaren Ergebnis. So stellt auch Dag Leonardsen einen Zusammenhang her zwischen dem durch Schockereignisse hervorgerufenen Panikverhalten der Bevölkerung und der Reaktion der Staatsgewalt hinsichtlich verringerter Toleranz und erhöhter Punitivität.[86] Axel Klein weist darauf hin, dass gerade terroristische Anschläge der Regierung Argumente geben, Maßnahmen in Form von Gesetzesänderungen und strikterer Kontrolle durchzusetzen.[87] David R. Leheny folgt ebenfalls Johnsons Argumentation und erläutert als Beispiel, neben den Aum-Anschlägen, den Terrorakt vom 11. September 2001 in den USA, der sowohl dort als auch in Japan zu einer signifikanten Ausweitung der Kom-

[84] Vgl. ebd., S. 411.
[85] Vgl. JOHNSON (2002), S. 138.
[86] Vgl. LEONARDSEN (2010), S. 16.
[87] Vgl. KLEIN (2012), S. 81.

petenzen der Sicherheitsorgane geführt hat.[88] Martin Repp belegt anhand von Beispielen, dass es nach den Aum-Anschlägen zu hysterischen Überreaktionen bei der Strafverfolgung kam. Ausgelöst durch eine überzogene Medienberichterstattung wurden einerseits völlig unschuldige Personen im Zusammenhang mit den Anschlägen vorverurteilt, andererseits wurden Straftaten, wie z. B. eine Flugzeugentführung, den Aum-Anhängern zugeordnet, obwohl sie nichts damit zu tun hatten.[89] Helen Hardacre weist in ihrer Analyse der Aum-Anschläge nach, dass die japanische Bevölkerung bereit war, persönliche Freiheiten einer vermeintlich erhöhten Sicherheit durch härtere Strafverfolgung zu opfern.[90]

Auch die eigene Analyse stützt David T. Johnsons These. Wie in Kapitel 2 gezeigt wurde, erschütterte das Ereignis der Aum-Anschläge die japanische Bevölkerung zutiefst. Diese Verunsicherung und die daraus resultierende veränderte Beurteilung religiöser Organisationen führte nachhaltig zu einem härteren Durchgreifen der Polizei, einem Wiedererstarken der Sicherheitsbehörden und zu einer veränderten Gesetzgebung.

Bei der Erläuterung des Zusammenhangs zwischen der Reaktion der Bevölkerung auf kritische Ereignisse und erhöhter Punitivität wird in der Forschungs-

---

[88] Vgl. LEHENY (2009), S. 20.
[89] Vgl. REPP (1997), S. 68–70.
[90] Vgl. HARDACRE (2003), S. 144–153.

literatur häufig der Begriff „moralische Panik" verwendet.[91] Erica Bafelli und Ian Reader bezeichnen konkret die Reaktionen nach den Anschlägen der *Aum Shinrikyō* als moralische Panik.[92]

Erstmals taucht der Begriff „moralische Panik" im Jahre 1964 in einer kommunikationstheoretischen Arbeit auf.[93] Jock Young verwendet ihn 1971 zum ersten Mal in Zusammenhang mit einem interaktionistischen Erklärungsansatz zur Zuschreibung von Devianz[94].

Nach der Definition von Stanley Cohen bezeichnet „moralische Panik" einen Vorgang, bei dem eine Gruppe von Menschen von der Öffentlichkeit als Gefahr für die gesellschaftliche Ordnung wahrgenommen wird. Eine wichtige Rolle in dem von Cohen beschriebenen Prozess spielen die Medien, die die betroffene soziale Gruppe in stereotyper Weise negativ kennzeichnet und dadurch eine panische Überreaktion in der Öffentlichkeit hervorruft. Die Zuschreibung von Devianz führt zu einer stärkeren sozialen Kontrolle und zu einem härteren Durchgreifen der behördlichen Organe.[95] Die eigene Analyse hat gezeigt, dass all diese Kriterien auf die Nachwirkungen der Aum-Anschläge zutreffen, wobei die betroffene soziale Gruppe durch die An-

---

[91] Vgl. TONRY (2004), S. 85–86; JOHNSON (2007), S. 411; LEONARDSEN (2010), S. 7, 16, 93–94.
[92] Vgl. BAFFELLI/READER (2012), S. 6.
[93] Vgl. MCLUHAN (1964), S. 94.
[94] Vgl. YOUNG (1973), S. 37–38.
[95] Vgl. COHEN (2011), S. 1, 89–90.

hänger neu-religiöser Organisationen, speziell durch die Aum-Anhänger, repräsentiert wird.

Erich Goode und Nachman Ben-Yehuda benennen in ihrer Definition von moralischer Panik fünf wesentliche Kennzeichen:

a) Beunruhigung

In der Bevölkerung soll die Beunruhigung aufgrund des Verhaltens einer sozialen Gruppe ansteigen, ablesbar an den Ergebnissen von Meinungsumfragen und der Bildung von Anti-Bewegungen.[96] Dies ist zutreffend für die Aum-Anschläge, da die veränderte Beurteilung von Anhängern neu-religiöser Gruppierungen durch Meinungsumfragen belegt und von der Bildung von Anti-Kult-Organisationen begleitet wurde.

b) Feindseligkeit

Es soll eine kollektive Feindseligkeit gegenüber der betroffenen sozialen Gruppe auftreten, die von einer dichotomen Abgrenzung und stereotypen Zuschreibungen von negativen Eigenschaften begleitet ist.[97] Auch dies trifft auf den Umgang mit den Aum-Mitgliedern zu, die nach den Anschlägen als gefährliche, unberechenbare und fremdgesteuerte Kult-Anhänger gekennzeichnet wurden.

c) Einigkeit

Nicht die gesamte aber eine deutliche Mehrheit der Bevölkerung muss die Besorgnis über das Verhalten der

---

[96] Vgl. GOODE/BEN-YEHUDA (1994), S. 156–157.
[97] Vgl. ebd., S. 157.

betroffenen sozialen Gruppe teilen.[98] Dies ist im Falle der Aum-Anschläge ebenfalls durch die Ergebnisse der Meinungsumfragen nachgewiesen.

d) Unverhältnismäßigkeit

Die subjektiv wahrgenommene Gefahr durch die betroffene soziale Gruppe soll größer sein als das tatsächliche Ausmaß.[99] Dies ist für die Aum-Anschläge teilweise zutreffend. Einerseits war das Ausmaß der Vorfälle am 20. März 1995 und die Gefahr weiterer terroristischer Anschläge erheblich. Andererseits erscheint die Reaktion der Bevölkerung und der Behörden übertrieben stark ausgeprägt, was sich auch darin äußerte, dass sie sich nicht nur gegen die kleine Gruppe gewaltbereiter Aum-Mitglieder, sondern in der Breite gegen alle Anhänger neu-religiöser Organisationen richtete.

e) Volatilität

Moralische Panik soll plötzlich entstehen, aber genauso schnell wieder verschwinden und zu einem späteren Zeitpunkt wiederaufleben können.[100] Dies trifft auf die Aum-Anschläge zu, wo die Panik direkt nach den Anschlägen entstand, um einige Monate später, als das Medieninteresse zurückging, rasch abzuebben. Ein Wiederaufflammen war immer dann zu beobachten, wenn die Medien über bedenkliche Aktivitäten von Aum-Mitgliedern berichteten oder Gerichtsverhandlungen anstanden.

---

98 Vgl. ebd.
99 Vgl. ebd, S. 158.
100 Vgl. ebd.

Da die Definition von Stanley Cohen zutrifft und die von Erich Goode und Nachman Ben-Yehuda genannten Kriterien weitgehend erfüllt sind, erscheint die Anwendung des Begriffs der „moralischen Panik“ auf die Reaktion nach den Aum-Anschlägen gerechtfertigt.

4 Fazit

Die Analyse der Auswirkungen der Aum-Anschläge von 1995 hat gezeigt, dass die Reaktionen der verschiedenen handelnden Gruppen – Medien, Bevölkerung, Polizei, Sicherheitsbehörden und politische Parteien – eng mit einander verzahnt waren.

Die Medien beschränkten sich nicht auf eine sachlich-nüchterne Berichterstattung. Durch die Intensität der Schilderungen und die sensationsheischende Art der Darstellung der Ereignisse sowie die stereotypisierende Beschreibung der handelnden Akteure entstand in der Öffentlichkeit eine starke Verunsicherung, die mit einem Verlust von Vertrauen in die staatlichen Organe und in das Funktionieren der Gesellschaftsordnung verbunden war. Besonders verstörend war die Erkenntnis, dass die Ausführenden der Anschläge gebildete junge Menschen waren, die aus der Mitte der Gesellschaft zu kommen schienen. Um diesem Dilemma zu entkommen, wurden diese, wieder mit Unterstützung der Medien, als fremdgesteuerte Abhängige des religiösen Demagogen Asahara Shōkō gekennzeichnet und damit an den Rand der Gesellschaft geschoben. Konsequenz war die Bildung von Anti-Kult-Organisationen, die starken Zulauf erfuhren. Die Reaktionen anderer religiöser Gruppen war durch Verunsicherung und Uneinheitlichkeit geprägt, was mit dazu beitrug, dass das Ansehen von Religion in der Bevölkerung nachhaltig beschädigt wurde. Sicherheitsbehörden und politische Parteien, die direkt nach den

Anschlägen der Kritik der Öffentlichkeit ausgesetzt waren, nutzten die Gelegenheit des Krisenfalls, sich zu profilieren. Sicherheitsorgane wie die PSIA und die SFD, die nach dem Ende des Kalten Krieges an Bedeutung verloren hatten, erhielten bei der Bekämpfung des religiös motivierten Terrors neue Aufgaben und damit Argumente für ihre Existenzberechtigung. Unterstützt durch die Stimmung in der Bevölkerung konnte die regierende LDP Gesetze durchsetzen, die nicht nur die strikte Überwachung religiöser Organisationen ermöglichte, sondern auch der Schwächung politischer Gegner diente.

Die Untersuchung hat gezeigt, dass die japanische Öffentlichkeit aufgrund der gesellschaftlichen Veränderungen in den 1990er Jahren, in Verbindung mit den noch immer vorherrschenden konservativen Werten, gerade in dieser Zeit besonders sensibel auf Störungen des Sicherheitsempfindens reagiert hat. Die Anschläge aus dem März 1995 waren ein Schockereignis, das nach Durchlaufen der Reaktionskette *Medien – Öffentlichkeit – Politik* zu einer Kennzeichnung der Angehörigen neu-religiöser Gruppen als deviant und zu einer härteren Gangart in Gesetzgebung und Strafverfolgung geführt hat. Es konnte nachgewiesen werden, dass das von Soziologen entwickelte Konzept der „moralischen Panik“, das den Zusammenhang zwischen der Überreaktion der Öffentlichkeit auf vermeintlich deviantes Verhalten bestimmter sozialer Gruppen und einer härteren Strafverfolgung beschreibt, auf die Folgen der Aum-Anschläge angewendet werden kann.

Die Forschungsliteratur zu den Folgen der Aum-Anschläge und auch meine eigene Untersuchung richtet den analytischen Blick weitgehend isoliert auf Japan und die dortige gesellschaftliche Situation. Um das „Japan-spezifische“ der Reaktionen auf ein Schockereignis terroristischen Ursprungs herauszuarbeiten, scheint es ratsam, noch intensiver vergleichende Betrachtungen zu Vorgängen in anderen Ländern durchzuführen, z. B. zur Kennzeichnung politisch linksorientierter Studenten als „radikal“ nach den RAF-Anschlägen im Deutschland der 1970er Jahre oder zur Kriminalisierung muslimischer Bürger in Frankreich nach den Terrorakten des „Islamischen Staates“ in den Jahren 2015 bis 2017. Diese Thematik sollte Gegenstand weiterführender Untersuchungen sein.

5 Literaturverzeichnis

BAFFELLI, Erica (2016): *Media and New Religions in Japan.* New York, London: Routledge.

BAFFELLI, Erica; READER, Ian (2012): „Editor's Introduction: Impact and Ramifications: The Aftermath of the Aum Affair in the Japanese Religious Context". In: *Japanese Journal of Religious Studies* 39: 1, S. 1–28.

COHEN, Stanley (2011): *Folk Devils and Moral Panics: The Creation of the Mods and Rockers.* Überarbeitete Neuauflage, erstmals erschienen 1972. Abingdon, Oxon, New York: Routledge.

DURKHEIM, Émile (1970): *Die Regeln der soziologischen Methode.* 3. Auflage, französische Originalausgabe erstmals erschienen 1895. Darmstadt: Luchterhand.

FÜSER, Thomas (2000): *Mönche im Konflikt: Zum Spannungsfeld von Norm, Devianz und Sanktion bei den Cisterziensern und Cluniazensern (12. bis frühes 14. Jahrhundert).* Münster: Lit.

GARDNER, Richard A. (2001): „Aum and the Media: Lost in the Cosmos and the Need to Know". In: KISALA, Robert; MULLINS, Mark (Hg.): *Religion and Social Crisis in Japan: Understanding Japanese Society Through the Aum Affair.* Basingstoke, Hampshire, England, New York: Palgrave, S. 133–162.

GOODE, Erich; BEN-YEHUDA, Nachman (1994): „Moral Panics: Culture, Politics, and Social Construction". In: *Annual Review of Sociology* 20, S. 149–171.

HARDACRE, Helen (2003): „After Aum: Religion and Civil Society in Japan". In: SCHWARTZ, Frank J.; PHARR, Susan J. (Hg.): *The State of Civil Society in Japan.* Cambridge: Cambridge Univ. Press, S. 135–153.

HARDACRE, Helen (2007): „Aum Shinrikyō and the Japanese Media: The Pied Piper Meets the Lamb of God“. In: *History of Religions* 47: 2/3, S. 171–204.

HUGHES, Christopher W. (2001): „The Reaction of the Police and Security Authorities to Aum Shinrikyō“. In: KISALA, Robert; MULLINS, Mark (Hg.): *Religion and Social Crisis in Japan: Understanding Japanese Society Through the Aum Affair*. Basingstoke, Hampshire, England, New York: Palgrave, S. 53–70.

JOHNSON, David T. (2002): *The Japanese Way of Justice: Prosecuting Crime in Japan*. Oxford u. a.: Oxford University Press.

JOHNSON, David T. (2007): „Crime and Punishment in Contemporary Japan“. In: *Crime and Justice* 36: 1, S. 371–423.

KATZENSTEIN, Peter J.; TSUJINAKA, Yutaka (1991): *Defending the Japanese state: Structures, Norms and the Political Responses to Terrorism and Violent Social Protest in the 1970s and 1980s*. Ithaca, New York: East Asia Program Cornell Univ.

KINGSTON, Jeff (2004): *Japan's Quiet Transformation: Social Change and Civil Society in the 21st Century*. London: Routledge Curzon.

KISALA, Robert (2001): „Religious Responses to the 'Aum Affair'“. In: KISALA, Robert; MULLINS, Mark (Hg.): *Religion and Social Crisis in Japan: Understanding Japanese Society Through the Aum Affair*. Basingstoke, Hampshire, England, New York: Palgrave, S. 107–132.

KISALA, Robert; MULLINS, Mark (Hg.) (2001a): *Religion and Social Crisis in Japan: Understanding Japanese Society Through the Aum Affair*. Basingstoke, Hampshire, England, New York: Palgrave.

KISALA, Robert; MULLINS, Mark R. (2001b): „Introduction". in dies. (Hg.): *Religion and Social Crisis in Japan: Understanding Japanese Society Through the Aum Affair*. Basingstoke, Hampshire, England, New York: Palgrave, S. 1–18.

KISALA, Robert J. (1996): „Reaction to Aum: The Revision of the Religious Corporation Law". In: *Japanese Religions* 22: 1, S. 60–74.

KLEIN, Axel (2012): „Twice Bitten, Once Shy: Religious Organizations and Politics after the Aum Attack". In: *Japanese Journal of Religious Studies* 39: 1, S. 77–98.

LEHENY, David R. (2009): *Think Global, Fear Local: Sex, Violence, and Anxiety in Contemporary Japan*. Ithaca, New York: Cornell Univ. Press.

LEONARDSEN, Dag (2004): *Japan as a Low-crime Nation*. Houndmills, Basingstoke, Hampshire, New York, New York: Palgrave Macmillan.

LEONARDSEN, Dag (2010): *Crime in Japan: Paradise Lost?* Houndmills, Basingstoke, Hampshire, New York, New York: Palgrave Macmillan.

LIFTON, Robert J. (1999): *Destroying the World to Save it: Aum Shinrikyō, Apocalyptic Violence, and the New Global Terrorism*. New York: Henry Holt and Co.

MAEKAWA, Michiko (2001): „When Prophecy Fails: The Response of Aum-Members to the Crisis". In: KISALA, Robert; MULLINS, Mark (Hg.): *Religion and Social Crisis in Japan: Understanding Japanese Society Through the Aum Affair*. Basingstoke, Hampshire, England, New York: Palgrave, S. 179–210.

MATSUDO, Yukio (2001): „Back to Invented Tradition: A Nativist Response to a National Crisis". In: KISALA, Robert; MULLINS, Mark (Hg.): *Religion and Social Crisis in Japan: Understanding Japanese Society Through the*

Aum Affair. Basingstoke, Hampshire, England, New York: Palgrave, S. 163–178.

MCLAUGHLIN, Levi (2012): „What Sōka Gakkai Before, During, and After the Aum Shinrikyō Affair Tells Us About the Persistent 'Otherness' of New Religions in Japan". In: *Japanese Journal of Religious Studies* 39: 1, S. 51–75.

MCLUHAN, Marshall (1964): *Understanding Media: The Extensions of Man*. London, New York. Online verfügbar unter http://robynbacken.com/text/nw_research.pdf [Stand: 11.08.2016].

METRAUX, Daniel A. (1999): *Aum Shinrikyo and Japanese Youth*. Lanham: University Press of America.

METRAUX, Daniel A. (2000): *Aum Shinrikyo's Impact on Japanese Society*. Lewiston, New York.: Edwin Mellen Press.

MULLINS, Mark. R. (2001): „The Legal and Political Fallout of the 'Aum Affair'". In: KISALA, Robert; MULLINS, Mark (Hg.): *Religion and Social Crisis in Japan: Understanding Japanese Society Through the Aum Affair*. Basingstoke, Hampshire, England, New York: Palgrave, S. 71–87.

RAEVSKIY, Alexander E. (2014): „Psychological Aspects of the Aum Shinrikyo Affair". In: *Psychology in Russia: State of the Art* 7: 1, S. 34–39.

READER, Ian (2000): *Religious Violence in Contemporary Japan: The Case of Aum Shinrikyō*. Hoboken: Taylor and Francis.

READER, Ian (2012): „Globally Aum: The Aum Affair, Counterterrorism, and Religion". In: *Japanese Journal of Religious Studies* 39: 1, S. 179–198.

REPP, Martin (1997): *Aum Shinrikyô: Ein Kapitel krimineller Religionsgeschichte*. Marburg: Diagonal-Verl.

SHIMAZONO, Susumu (1995): „In the Wake of Aum: The Formation and Transformation of a Universe of Belief". In: *Japanese Journal of Religious Studies* 22: 3/4, S. 381–415.

SHIMAZONO, Susumu (2001): „The Evolution of Aum Shinrikyō as a Religious Movement". In: KISALA, Robert; MULLINS, Mark (Hg.): *Religion and Social Crisis in Japan: Understanding Japanese Society Through the Aum Affair*. Basingstoke, Hampshire, England, New York: Palgrave, S. 19–52.

SUGISHIMA, Masaaki (2003): „Aum Shinrikyo and the Japanese Law on Bioterrorism". In: *Prehospital and Disaster Medicine* 13: 3, S. 179–183.

TONRY, Michael H. (2004): *Thinking About Crime: Sense and Sensibility in American Penal Culture*. Oxford, New York: Oxford University Press.

WATANABE, Manabu (2001): „Opposition to Aum and the 'Anti-Cult' Movement in Japan". In: Kisala, Robert & Mullins, Mark (Hg.): *Religion and Social Crisis in Japan: Understanding Japanese Society Through the Aum Affair*. Basingstoke, Hampshire, England, New York: Palgrave, S. 87–106.

YOUNG, Jock (1973). „The Role of Police as Amplifiers of Deviancy, Negotiators of Reality and Translators of Fantasy: Some Consequences of our Present System of Drug Control as Seen in Notting Hill". In: Cohen, Stanley (Hg.): *Images of Deviance*. 2. Auflage, erstmals erschienen 1971. Harmondsworth: Penguin Books, S. 27–61.

Aus dem Verlagsprogramm

Akutagawa, Ryūnosuke: *Kappa*
87 Seiten, ISBN 978-3-945058-14-5

Dauthendey, Max: *Den Abendschnee am Hirayama sehen*
69 Seiten, ISBN 978-3-945058-13-8

Doblhoff, Josef von: *Chillonius in Japan*
148 Seiten, ISBN 978-3-945058-10-7

Franz Ferdinand von Österreich-Este: *35 Tage in Japan*
156 Seiten, ISBN 978-3-945058-16-9

Hearn, Lafcadio: *Japan – ein Deutungsversuch*
303 Seiten, ISBN 978-3-945058-07-7

Hearn, Lafcadio: *Kwaidan*
125 Seiten, ISBN 978-3-945058-04-6

Lerch, Klaus: *Der Tritt auf das Antlitz Christi*
119 Seiten, ISBN 978-3-945058-18-3

Lerch, Klaus: *Das Atelier des Kusakabe Kimbei*
97 Seiten, ISBN 978-3-945058-01-5

Lerch, Klaus (Hrsg.): *Unheimliche Geschichten aus Japan*
99 Seiten, ISBN 978-3-945058-03-9

Mohl, Ottmar von: *Am japanischen Hofe*
213 Seiten, ISBN 978-3-945058-02-2

Müller, Igor; Akiyama, Reruhi: *Kyōto – Tanka*
92 Seiten, ISBN 978-3-945058-06-0

Müller, Igor; Akiyama, Reruhi: *Nara – Haiku*
91 Seiten, ISBN 978-3-945058-08-4

Stuckenschmidt, Dierk: *Todai-ji*
383 Seiten, ISBN 978-3-945058-11-4

Hibarios Verlag
Königstraße 110, 41564 Kaarst,
www.hibarios-verlag.de, Info@hibarios-verlag.de